RÁDIO

TODA HORA, EM TODO LUGAR

Fernando Solano

MELHORAMENTOS

SEJA ONDE FOR

O rádio está muito mais presente em nossa vida do que podemos imaginar. No carro, em casa, na academia, em estabelecimentos comerciais, no campo, na internet, no tocador de MP3 e no celular, basta termos um receptor para ouvi-lo. Nas grandes cidades, milhares de pessoas ficam presas todos os dias em imensos congestionamentos. Dentro dos veículos, muitas delas se divertem, informam-se e até escolhem percursos alternativos por meio das transmissões difundidas pelas emissoras do dial. O rádio é ótimo: na correria do dia-a-dia, uma informação de apenas vinte segundos pode ajudar uma pessoa em sua rotina. Um empresário amigo meu que o diga. Um dia desses, ele precisava chegar ao centro da cidade para uma reunião muito importante. Saiu atrasado de casa e quase ficou preso em um enorme engarrafamento. Se ele não tivesse ligado o rádio do carro, cairia em uma das grandes avenidas congestionadas e perderia seu negócio.

"Dial" é o nome dado inicialmente ao botão usado para sintonizar uma frequência de rádio. Hoje, essa sintonia é feita, na maioria das vezes, de forma digital, e a rádio predileta fica gravada na memória do rádio. Depois, passou-se a denominar como "dial" a própria faixa de frequências de rádio.

LINGUAGEM

O rádio é o único meio de comunicação que permite a quem ouve desenvolver outras atividades simultaneamente. É possível navegar na internet e ouvir rádio ao mesmo tempo. No carro, não é preciso parar de dirigir para prestar atenção ao que o locutor diz ou à música que está tocando. Por isso, a linguagem do rádio é muito especial, e os profissionais usam ferramentas importantes para manter o interesse dos ouvintes.

NO AR

Em toda emissora de rádio, quando o operador abre o microfone (ou seja, permite que o som seja captado e reproduzido), uma luz colocada estrategicamente na frente do apresentador e outra do lado de fora do estúdio acendem.

Sempre em vermelho, os dizeres "NO AR" alertam a todos que qualquer coisa que se diga ou qualquer barulho que se faça será percebido pelo ouvinte. Os acompanhantes, entrevistados e visitantes imediatamente devem ficar em silêncio até que o aviso se apague. Nesse meio-tempo, o radialista narra, informa, anuncia a música ou as próximas atrações, sempre muito à vontade. Pelo menos ali, naquele momento, todas as atenções estão voltadas única e exclusivamente para ele.

PODER PARA TODOS

O rádio é o mais democrático e popular dos meios de comunicação de massa, sabia? Para ouvir a programação, não é preciso pagar mensalidade nem assinar contrato com uma operadora (rádio por assinatura até existe, mas só nas TVs a cabo e na internet). Por isso, o rádio também desempenha papel essencial na inclusão de indivíduos na sociedade. Todos, ricos ou pobres, deficientes visuais e não-alfabetizados, por exemplo, encontram no rádio uma forma de obter informação e conquistar um espaço importante em sua comunidade. Se conhecimento é poder, o meio de comunicação rádio divide igualmente esse poder entre todos, concorda?

As palavras, os efeitos sonoros, as músicas, tudo isso junto cria na cabeça de quem escuta a imagem do que está sendo contado. Por exemplo, ao acompanhar uma partida de futebol narrada por um bom locutor esportivo, o torcedor consegue imaginar jogada a jogada – e chega até a sentir calafrios quando o craque do time perde um gol na entrada da pequena área. Quando o juiz marca um pênalti, fica fácil sentir a vibração da torcida, que, na mesma hora, começa a cantar o hino do clube e, na sequência, comemora o gol – ou lamenta o erro do batedor ou a defesa do goleiro.

UM INVENTO BRASILEIRO?

No início do século XX, o rádio era um sonho para muitos, mas apenas a elite da época tinha condições de comprar um. Diferentemente de hoje, a transmissão ocorria em horários marcados, quando as famílias se reuniam em volta do aparelho para aproveitar e curtir a novidade.

O rádio, voltado para entreter e informar, se desenvolveu lentamente e pode-se dizer que sua criação foi resultado de uma série de experimentos realizados por cientistas e inventores de diferentes partes do mundo. Contudo, cabe a Guglielmo Marconi (1874-1937) o título de "pai" da radiodifusão. Consta que, em 1895, o italiano realizou a primeira transmissão de ondas eletromagnéticas com sucesso. No entanto, como ocorreu com Santos Dumont e o avião, outro brasileiro foi historicamente injustiçado.

Em 1894, o padre Landell de Moura (1861-1928), nascido em Porto Alegre, Rio Grande do Sul, aficionado por invenções e ciência, apresentou publicamente e com sucesso um transmissor de ondas que podiam ser captadas a uma distância de 8 quilômetros e trazia outras novidades em seu sistema. Portanto, um ano antes que Marconi, Landell inventara um sistema de radiodifusão duas vezes mais potente que o do italiano. O erro do padre, porém, foi a demora em registrar sua invenção. Marconi registrou seu produto em 1896 e... adeus, brasileiro famoso.

EU QUERO FALAR!

A invenção do rádio, ou seja, a possibilidade de transmitir mensagens sonoras sem fio, faz parte de uma necessidade coletiva da humanidade de comunicar-se a distância sem contato pessoal entre emissor (quem fala) e receptor (quem escuta). Alguns sistemas de comunicação por sinais, como tochas luminosas, bandeiras, tambores, fumaça, exerciam esse papel, mas não podem ser comparados com o fenômeno da radiodifusão.

NO INÍCIO, UM VERDADEIRO RITUAL

Por volta das sete horas da noite, o Sr. Jorge de Abreu cumpria um ritual muito importante para ele e toda a família. Logo após o jantar, acomodavam-se todos na sala: ele, a mulher, D. Eulália, e os três jovens herdeiros, Fábio, Sofia e Regina. Enquanto acendia um cachimbo, o patriarca abria as portinhas de um grande móvel de madeira, colocado em lugar estratégico. Todos, maravilhados, esperavam, impacientes, a próxima pitada, para que o famoso advogado ligasse uma engenhoca moderna e misteriosa chamada rádio. Importado dos Estados Unidos e trazido ao Brasil de navio, o aparelho da família Abreu era de última geração – caro, grande e desajeitado.

Os primeiros receptores de radiodifusão nem de longe se pareciam com os atuais tocadores de MP3 ou com os rádios AM e FM minúsculos e tecnológicos. O doutor Jorge jamais imaginaria carregar um rádio sem fio no bolso ou mesmo ouvir a programação predileta em qualquer lugar com um aparelho portátil.

UM FENÔMENO MUNDIAL

O mundo todo se rendeu ao rádio mais ou menos na mesma época. Os americanos foram os pioneiros e criaram em 1919 a Radio Corporation of America (RCA). Há registros de transmissões regulares de programação radiofônica em dezenove países da Europa, na Austrália, no Japão e na Argentina a partir de 1925.

No Brasil, a primeira radiodifusão pública ocorreu em 7 de setembro de 1922, centenário da Independência, durante uma exposição internacional promovida no Rio de Janeiro.

Uma antena de transmissão foi instalada no alto do Corcovado, e quem estava presente à inauguração ouviu pelos alto-falantes discursos do então presidente da República, Epitácio Pessoa, além de trechos da obra *O Guarani*, de Carlos Gomes, apresentada no Teatro Municipal. Quem tinha aparelho para ouvir? Quase ninguém, mas uma empresa americana, interessada em vender seus produtos por aqui, distribuiu oitenta aparelhos. Assim, em vários pontos das cidades do Rio de Janeiro, Petrópolis e Niterói foi possível ouvir a transmissão.

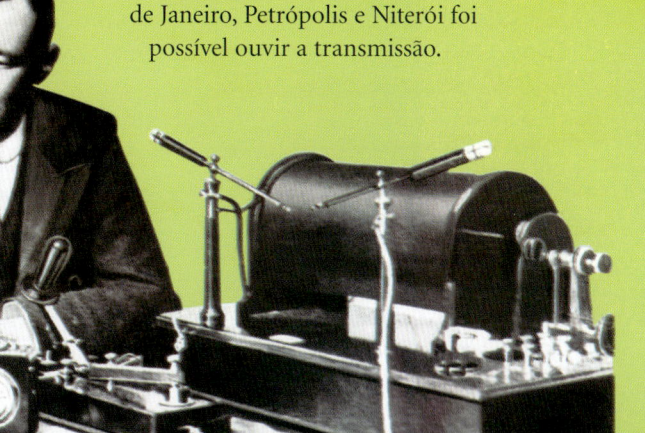

PARECE MÁGICA, MAS É CIÊNCIA

Vamos entender como se faz um programa de música em uma rádio. Um locutor ou apresentador trabalha em uma estação transmissora, conhecida como estúdio.

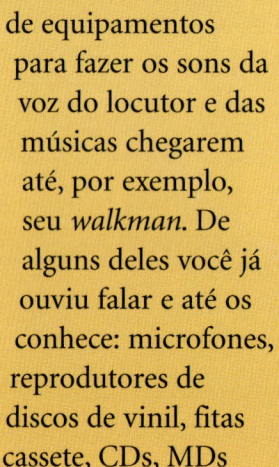

Os estúdios profissionais possuem uma série de equipamentos para fazer os sons da voz do locutor e das músicas chegarem até, por exemplo, seu *walkman*. De alguns deles você já ouviu falar e até os conhece: microfones, reprodutores de discos de vinil, fitas cassete, CDs, MDs (microdiscos) e computadores com sistema de reprodução de áudio no formato MP3.

O microfone tem papel-chave. É ele que transforma o som da voz em variações de corrente elétrica, chamadas correntes sonoras. Já os aparelhos que tocam discos ou MP3 também estão ligados a uma mesa de som, que converte as músicas nesse mesmo tipo de corrente elétrica.

Do estúdio, as correntes sonoras viajam por fios até outro aparelho, denominado amplificador, que aumenta os sinais. Aí, uma potente válvula instalada no transmissor da emissora envia o sinal para uma antena de transmissão colocada em um lugar estratégico da cidade.

DE REPENTE, MÚSICA E INFORMAÇÃO

A torre de transmissão emite ondas eletromagnéticas que se propagam no ar carregando os sons até o aparelho receptor. Quando você liga o rádio do carro, ocorre o processo contrário. Nesse momento você entra em ação e escolhe qual emissora vai sintonizar. Os aparelhos de sua casa, carro ou portáteis funcionam como decodificadores, verdadeiros filtros que revertem o processo inicial. As ondas eletromagnéticas, que são invisíveis, saem das antenas geradoras, chegam até o rádio e são transformadas em músicas, jogos de futebol, entrevistas, noticiários e muitos outros programas.

Imagine, por exemplo, que você precisa carregar para casa um quadro enorme que acabou de comprar. Para facilitar o trabalho, você transforma o quadro em um quebra-cabeça com peças bem pequenas, que coloca em um saco e leva embora. Ao chegar em casa, você junta as peças do quebra-cabeça. O resultado final: o quadro.

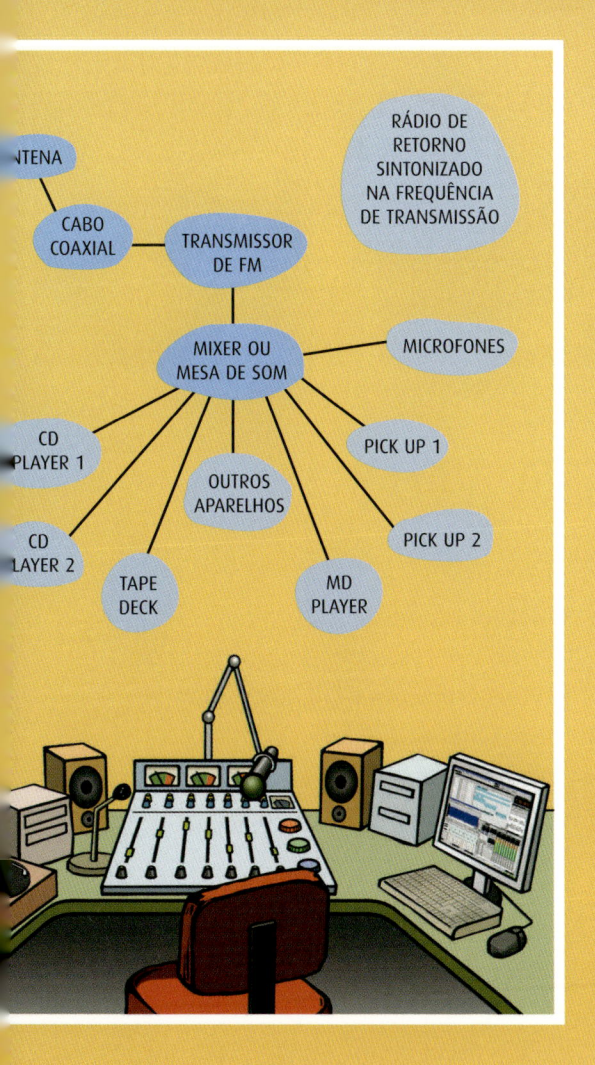

Diagram labels:
- NTENA
- CABO COAXIAL
- TRANSMISSOR DE FM
- RÁDIO DE RETORNO SINTONIZADO NA FREQUÊNCIA DE TRANSMISSÃO
- MIXER OU MESA DE SOM
- MICROFONES
- CD PLAYER 1
- OUTROS APARELHOS
- PICK UP 1
- CD PLAYER 2
- TAPE DECK
- MD PLAYER
- PICK UP 2

RÁDIO NÃO SÓ PARA CURTIR

A comunicação por rádio é até hoje uma das mais eficazes do mundo. Mesmo com satélites, internet de alta velocidade, celular etc., o rádio é vital para os serviços de emergência. Ambulâncias, viaturas policiais, bombeiros, equipes de resgate, aviões, helicópteros, barcos, todos são controlados por radiofrequência. Existem também os radioamadores, geralmente amantes da comunicação por rádio que montam estações particulares reconhecidamente importantes na transmissão de informações e que auxiliam o trabalho das Forças Armadas em casos de enchentes, secas, acidentes, guerras... Para colocar ordem na casa e garantir que ao ligar seu rádio você vai ouvir sua emissora predileta e não a transmissão da conversa de dois pilotos de avião, por exemplo, cada um usa uma frequência diferente. Assim, ninguém atrapalha o trabalho de outros.

AM E FM

As rádios operam, em sua maioria, em dois sistemas diferentes, chamados bandas: AM (amplitude modulada) e FM (frequência modulada). Esses termos, que vêm da física, servem para medir as ondas sonoras, como se fossem o peso e a altura de uma pessoa. Os sinais das emissoras AM têm qualidade inferior, porque os receptores sofrem interferência de fenômenos naturais, como raios, ou artificiais, como motores e aparelhos domésticos, e alcançam, em média, 300 quilômetros. O número das rádios no dial varia de 525 a 1.720 kHz (quilohertz). As emissoras FM têm som muito melhor, pois não sofrem interferência, mas possuem um alcance limitado a, em média, 150 quilômetros. Elas operam em frequências que variam de 87,5 a 108 MHz (megahertz).

É fácil entender. Se você arremessa uma bola de ouro de dez quilos e usa a mesma força para arremessar uma bola de couro de um quilo, a mais leve vai chegar bem mais longe e a pesada vai cair perto de você.

As rádios que operam em FM equivalem à bola de ouro de dez quilos. As ondas sonoras não chegam tão longe, mas o som é de melhor qualidade. As emissoras AM correspondem à bola de um quilo. Chegam mais longe, porém com som menos valioso.

DE QUEM É ESSA VOZ?

Todos os dias, quando meu irmão entra no carro para ir à escola, antes até de sair da garagem, meu pai segue esta rotina: liga o carro, coloca o cinto de segurança, abre a janela apenas dois dedinhos e, pronto, liga o rádio. Faça chuva ou faça sol, ele ouve o mesmo programa todo santo dia.

Às vezes, meu pai até cumprimenta o locutor, lhe dá bom-dia e tudo mais. Eu sei, porque já fui para a escola também. Dependendo de seu humor, ele dá risada das coisas que ouve ou "discute" com o moço da rádio. Eu fico pensando se o apresentador imagina que do outro lado, ouvindo o que ele diz, há uma pessoa que, como ele mesmo, tem opiniões e "dialoga" com ele.

Uma rádio conta com vários profissionais. O objetivo de todos, sem a menor dúvida, é apresentar a melhor programação possível.

O locutor, ou apresentador, é aquele cuja voz é conhecida por muita gente. Mas, antes dele e enquanto ele fala conosco, uma equipe de especialistas das áreas técnica e de conteúdo trabalha duro para deixar tudo pronto, e muitos deles nem passam perto do microfone.

QUEM FAZ O QUÊ?

Os locutores trabalham para levar até o ouvinte o "produto final", ou seja, os programas que você ouve no rádio. Suas funções vão desde anunciar produtos até fazer entrevistas e apresentar noticiários e programas de auditório.

O chefão de todos é o diretor artístico ou de produção. Ele é quem define quais programas vão ao ar, quem vai trabalhar na rádio, como os apresentadores devem se portar, qual linguagem será usada (mais séria ou mais coloquial), quais músicas farão parte do repertório e muito mais.

Para que o locutor entre no ar ao vivo, outros profissionais desempenham funções específicas: o coordenador do programa, o produtor executivo, o programador musical, o editor de textos, o editor de som, o redator e o atendente dos ouvintes.

Na área técnica, os responsáveis pela qualidade do som e da manutenção são: o operador de áudio, o sonoplasta, o supervisor técnico, o chefe de operações, o eletricista, o técnico de áudio, o técnico da manutenção, entre outros.

UM TRABALHO COM EMOÇÃO E RESPONSABILIDADE

Trabalhar em uma rádio é um desafio interessante. Os profissionais cumprem as importantes funções de informar, fazer companhia, levar entretenimento sem ter contato físico com o ouvinte. No caso do locutor, o segredo é não deixar transparecer na voz nenhum desânimo causado por um problema pessoal pelo qual ele esteja passando. Brigas, desentendimentos, falhas técnicas ou emoções, como tristeza, devem ficar do lado de fora do estúdio.

A responsabilidade sobre as informações veiculadas é muito grande, pois elas influenciam a vida das pessoas. Imagine se, ao passar no ar o endereço de um local onde é possível comprar produtos eletrônicos com desconto, o apresentador se confunde e troca o nome da rua. Sabe-se lá o que vão encontrar as pessoas que mudaram sua rotina para se dirigir a esse local... Por outro lado, o dono da loja de equipamentos vai ficar muito decepcionado.

NÚMEROS RADIOFÔNICOS

Você sabia que uma rádio de notícias de porte médio de uma grande cidade reúne aproximadamente setenta profissionais divididos em cerca de vinte diferentes funções? Desses, menos da metade usa o microfone, ou seja, fala no ar. Nessa mesma rádio, em torno de quarenta entrevistas sobre diversos assuntos são realizadas por dia e mais de dez programas vão ao ar.

RÁDIO É UMA LINGUAGEM CHEIA DE REGRAS

Como você sabe, o rádio usa somente o som para comunicar e, por isso, possui características diferentes dos outros meios de comunicação. As palavras devem ser escolhidas cuidadosamente pelo locutor para que o ouvinte entenda a mensagem principal e crie a própria imagem mental do que está ouvindo. Como foi dito no início do livro, um jogo de futebol é um ótimo exemplo. Quando ouvimos uma partida pelo rádio, o locutor consegue nos fazer "ver" o que está acontecendo em campo.

Mais ainda: as imagens podem ser montadas na cabeça do ouvinte com vários recursos, como músicas, efeitos sonoros, o silêncio e, principalmente, o tipo de linguagem utilizada pelo apresentador.

Um cuidado que se deve ter ao transmitir informações pelo rádio é com o timbre da voz. O radialista não precisa ter voz grossa e forte para conseguir ser ouvido; basta ter dicção clara e passar credibilidade. Alguns cuidados, truques e exercícios podem ajudar. A regra mais importante é a seguinte: fugir de bebidas geladas ou quentes. Elas fazem mal às pregas vocais, conhecidas por todos como cordas vocais, e podem causar rouquidão e inflamações. Respirar da forma correta, pelo nariz e com o diafragma, também é importante. Outra dica é não gritar demais.

TRAVA-LÍNGUA

Para melhorar a dicção, há um exercício fácil que você pode tentar fazer agora mesmo. Leia as sílabas ao lado em voz alta (mas sem gritar, hein!) duas vezes direto, uma bem devagar e a outra rápido. Pode começar!

PRÁ TRÁ CRÁ
PRÉ TRÉ CRÉ
PRI TRI CRI
PRÓ TRÓ CRÓ
PRU TRU CRU

Agora, vá aumentando a velocidade e repita por três vezes. Não se esqueça de pronunciar todas as sílabas.

COMO ESCREVER E FALAR?

A linguagem no rádio deve ser a mais próxima da que se usa no dia-a-dia. No entanto, é preciso evitar gírias ou palavras muito difíceis. O texto tem de ser escrito com frases curtas, de preferência em ordem direta, com sujeito + verbo + predicado.

Também convém evitar o uso de gerúndios e a repetição de palavras, falas em primeira pessoa, utilização de palavras de significado ambíguo e emprego de cacófatos (ou seja, palavras que são criadas com o encontro de sílabas de outras palavras, por exemplo: "por cada", "boca dela").

Um bom texto de rádio é aquele que, quando lido pelo radialista, consegue fazer o ouvinte entender tudo, sem se perguntar: "Como é mesmo o nome desse cantor?", "O que o apresentador disse?".

AUDIÊNCIA ROTATIVA

Como o objetivo de uma rádio é sempre *informar direito*, o apresentador precisa, de vez em quando, repetir as informações para não deixar de ser compreendido. Por exemplo, ao receber um convidado no estúdio para fazer uma entrevista, o radialista não sabe desde quando o ouvinte está acompanhando o programa. Então, ele deve – depois de certo tempo, claro – repetir o nome da pessoa entrevistada.

O mesmo acontece com as músicas. O locutor tem de dizer o nome da música tanto no início da execução quanto no final. Tudo isso, sabe por quê? Por causa da "audiência rotativa". A cada instante milhares de pessoas ligam ou desligam o rádio ou mudam de estação. Repetindo o nome da música ou do entrevistado, todos ficam satisfeitos e, melhor ainda, bem informados.

AO VIVO, NÃO DÁ PARA REPETIR!

Não se deve esquecer de que o ouvinte não tem a chance de escutar novamente uma mensagem que ele tenha entendido mal ou pela metade. Em um livro, podemos voltar ao trecho de uma página e ler de novo; no rádio, não dá para retomar a programação. É por isso que um texto de rádio possui tantas características específicas para a mensagem ficar mais clara. Assim, quem está do outro lado consegue entender tudo.

Vamos ver se deu resultado? Leia a frase "trava-língua" a seguir em voz alta e veja se você melhorou sua dicção.

> O TIGRE TAGARELA COMEU O PRATO DE TRIGO
> DOS OUTROS TRÊS TIGRES TRISTES.
> AGORA, ELE NÃO TAGARELARÁ MAIS.

Se você treinar bastante, com certeza vai melhorar sua dicção.

RÁDIO PARA TODOS

O rádio é um meio de comunicação extremamente democrático. Ele está disponível a todos que possuem um aparelho receptor, que é barato e de fácil transporte.

No enorme Brasil, o rádio é muitas vezes a única forma de unir os diferentes costumes e culturas de cada região.

Por exemplo, é comum encontrar trabalhadores rurais ouvindo rádio enquanto fazem a colheita. Sem perceber, eles estão ampliando seu vocabulário,

RÁDIO COMERCIAL

As rádios podem receber diversas classificações, de acordo com a programação (musical, jornalística ou de entretenimento), a forma de emissão de ondas (AM/FM) ou o objetivo e a missão da emissora.

As rádios comerciais são empresas que possuem autorização para operar em determinada frequência. Elas têm obrigações contratuais para com o governo, como transmitir horário político obrigatório e pronunciamentos oficiais e destinar parte da programação para prestação de serviços. No entanto, dispõem de liberdade e autonomia para definir a programação.

RÁDIO PARA A EDUCAÇÃO E PARA A COMUNIDADE

As rádios educativas e comunitárias são emissoras que não têm fins lucrativos. As educativas são mantidas com dinheiro do governo ou de fundações, e as comunitárias, com o trabalho voluntário e a mobilização de grupos de pessoas que vivem em determinadas regiões. O objetivo delas é informar, prestar serviços e oferecer uma programação que atenda às necessidades básicas da população.

As rádios comunitárias começaram a ficar conhecidas no Brasil na década de 1990. Com um transmissor que emite ondas sonoras a um pequeno raio de distância, elas possuem autorização do governo, utilizam linguagem própria e estão instaladas em tribos indígenas, favelas, comunidades pesqueiras, bairros, faculdades etc. Para sintonizar uma delas, o aparelho de rádio deve estar no máximo a 3 quilômetros de distância da antena, que não pode ter mais de 30 metros de altura.

aprendendo coisas novas, divertindo-se com as músicas e ficando informados sobre os acontecimentos das cidades mais próximas, do país e do mundo. Pelas ondas do rádio, milhares de pessoas têm a oportunidade de ter acesso ao bem mais precioso do ser humano: o conhecimento.

Por isso, o jornalista, o radialista, o humorista, ou seja, todos aqueles que falam ao microfone, devem ter sempre em mente a responsabilidade de atingir os diferentes ouvintes, que vão se influenciar pelas palavras e ideias transmitidas. Pena que existe gente que usa esse veículo poderoso em benefício próprio!

RÁDIO PIRATA

Você sabe qual é a origem da expressão "rádio pirata"? Nos anos 1950, na Inglaterra, as rádios eram controladas pela realeza e sofriam censura. Notícias que não atendiam aos interesses do reino e até músicas eram muitas vezes vetadas. Para lutar contra essa situação, algumas pessoas montaram uma rádio em um navio, instalando a antena no alto do mastro em que os piratas hasteavam sua bandeira. A Radio Caroline foi considerada revolucionária e tocava, por exemplo, um estilo de música pouco difundido entre os ingleses, o *rock and roll* americano.

Hoje a expressão "rádio pirata" é usada de forma pejorativa. Pessoas mal-intencionadas montam rádios ilegais que interferem na transmissão das emissoras regulares e na comunicação de aeronaves. Sem nenhum objetivo ideológico, aproveitam a falha na fiscalização para benefício próprio. Que feio!

EU QUERO UMA RÁDIO!

Segundo as leis brasileiras, qualquer cidadão que preencha uma série de requisitos específicos pode se candidatar a ter uma rádio. O sistema é conhecido como de concessão. O governo, por intermédio do Ministério das Comunicações, concede o direito de uso de determinada frequência a alguém que esteja interessado em explorar o mercado de radiodifusão. O único problema é que, sabendo do poder de persuasão do rádio, alguns políticos inescrupulosos usam a concessão como moeda de troca para influenciar os ouvintes a votar neles e em seus aliados.

PROGRAMAS DE RÁDIO – ESCOLHA O SEU

Você sabia que existem aproximadamente 2.300 emissoras de rádio espalhadas por todo o território nacional? De cada cem casas, 88 conseguem ouvir emissoras de rádio. É bastante gente, não acha? Por isso, para conseguir atrair público e manter boa audiência, as rádios optam por programações originais, diferentes.

Atualmente as emissoras apostam em um fenômeno conhecido como "segmentação da audiência". Esse nome pomposo significa apenas que cada rádio escolhe uma linha de programação clara e definida.

Por exemplo, se eu tenho uma emissora e quero atrair jovens para ouvir *rock*, vou colocar no ar, para apresentar as músicas, locutores com estilo e linguagem jovens. E, quanto mais ouvintes jovens minha rádio tiver, mais anunciantes para esse público vou conseguir.

As opções são muitas, dependendo de cada tipo de público: rádio de notícias, de música clássica, de música brasileira, de música sertaneja, religiosa, popular etc.

INFORMAÇÃO O TEMPO TODO: RADIOJORNALISMO

As rádios informativas são aquelas que apresentam, basicamente, programas jornalísticos, como noticiários, entrevistas de opinião, documentários e programas de variedades, também chamados radiorrevistas.

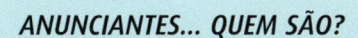

ANUNCIANTES... QUEM SÃO?

Não podemos esquecer que uma emissora de rádio é uma empresa que possui como um dos objetivos o lucro. Tem contas para pagar, funcionários que recebem salários e um dono que investiu dinheiro para montar toda a estrutura do negócio. Quem paga tudo isso são os anunciantes. Se eu tenho um produto para vender, posso usar a rádio para apresentá-lo ao público. Então, escolho a rádio voltada para o público que eu quero atingir, coloco meu anúncio em um espaço na programação e pago por ele.

SÓ PRA DESCONTRAIR

Outra parcela das emissoras de rádio se concentra no entretenimento. Não que também não informem, mas elas apostam principalmente em um público que liga o aparelho para se divertir, esquecer os problemas e até dar boas risadas. Nesses casos, os programas são divididos em: humorísticos, de dramatização, de auditório e, os mais conhecidos, musicais.

As equipes são formadas por profissionais mais ligados à área artística e por comunicadores com especialização em Rádio e TV e Jornalismo, entre eles: programador musical (você vai conhecer o trabalho dele adiante), produtor, diretor de programas, diretor de arte, redatores, editores e até atores.

Essas emissoras contam com jornalistas que sabem utilizar a linguagem do rádio especificamente para prestar serviços e difundir as informações. As equipes são compostas por apresentadores, redatores, produtores, editores, pauteiros (responsáveis pela elaboração da pauta, que é a relação dos assuntos que serão apresentados em determinado programa), coordenadores de programação, entre outros profissionais formados em Comunicação Social, com especialização em Jornalismo.

UMA PARTIDA DE FUTEBOL

Motivo de paixões, brigas, alegrias e tristezas, o esporte ganha no rádio espaço especial. Quando o rádio passa a transmitir partidas de diferentes modalidades esportivas, unem-se a paixão pelo time de coração, o desafio natural do esporte e a emoção única do rádio. Em toda a América Latina, em especial no Brasil e na Argentina, pela tradição no futebol, as transmissões de jogos por rádio contam com grande público fiel e apaixonado.

Locutores, narradores e repórteres tornam-se também ídolos, como os atletas que eles seguem. Não é raro acompanharmos alguém assistindo a um jogo de futebol pela TV com o som do rádio no máximo. Parece estranho. Se na TV é possível ver o que se passa em campo, por que as pessoas insistem em ouvir rádio? Só pode ser por causa da emoção com que o narrador transmite os fatos.

O grito de gol, o som da torcida direto do gramado, a conversa com os jogadores à beira do campo, as análises no decorrer do confronto, tudo isso que o rádio oferece envolve o torcedor de modo especial.

A capacidade que os locutores têm de transmitir rapidamente e com clareza o que está acontecendo em campo é impressionante! É por isso que o radinho sempre estará colado na orelha de um torcedor, seja em casa, na arquibancada, no ginásio, seja onde for.

A transmissão de jogos, corridas de Fórmula 1 e outros esportes também rende bom dinheiro para as emissoras. De olho no aumento da audiência durante eventos como a Copa do Mundo e os Jogos Olímpicos, os anunciantes procuram as rádios para patrocinar e anunciar seus produtos durante as transmissões. Em muitos casos, é certeza de aumento nas vendas e no lucro.

UM TIME FORA DO GRAMADO

Para transmitir uma partida de futebol, as rádios contam com uma equipe à parte, especializada no assunto. Além do conhecimento dos fatos relacionados ao esporte e do *know-how* necessário para fazer entrevistas e trazer sempre os últimos e mais importantes acontecimentos para o ouvinte, há toda uma parafernália técnica a ser instalada e dirigida em tempo real que envolve vários profissionais. Esse "time" é formado, basicamente, pelo narrador, pelo comentarista e pelo técnico de áudio, que trabalham em uma cabine específica no estádio, geralmente sobre as arquibancadas, para que o narrador tenha boa visão do campo.

No mínimo um repórter fica no campo, observando as jogadas de perto e colhendo as opiniões dos atletas. Há ainda uma equipe de prestação de serviços, que, de fora do estádio ou dentro das redações, procura dar notícias como a chegada dos torcedores ao estádio ou outros fatos que possam estar acontecendo naquele momento, e uma equipe de prontidão, que, na sede da rádio, acompanha outras partidas que estão acontecendo simultaneamente para informar aos torcedores.

Na parte técnica, todo o som que é transmitido do estádio segue direto para a central na sede da empresa, que coloca o sinal no ar para os ouvintes acompanharem seus times de coração.

INFORMAÇÃO QUE VAI E VOLTA

Você já imaginou que o som pode percorrer uma grande distância e voltar para o mesmo lugar? Por exemplo, se eu estou no estádio ouvindo a narração de um jogo em meu rádio, muito provavelmente o locutor está a poucos metros de mim em sua cabine. Entretanto, o som que ele emite sai do estádio através da linha telefônica e chega à central da rádio, que manda o sinal para o transmissor. A partir daí, o som é transformado em ondas eletromagnéticas, que são captadas pela antena de meu radinho de pilhas... Viu?

UMA NOVELA SÓ DE SONS

Quem nunca assistiu ao menos a um capítulo de uma novela na televisão que levante a mão! As produções são tão bem-sucedidas que as grandes emissoras de TV gastam milhões para produzi-las e chegam a exportá-las para diversos países.

Mas as novelas já faziam grande sucesso muito antes de a própria televisão existir. Sabe como? No rádio.

Nas primeiras décadas do século XX, as radionovelas cubanas foram adaptadas, traduzidas e exportadas para toda a América do Sul. No Brasil, a radionovela *Em Busca da Felicidade*, criada por um cubano e adaptada por um brasileiro, reuniu milhares de ouvintes durante quase dois anos de veiculação, um verdadeiro sucesso de público e crítica.

A ERA DE OURO DO RÁDIO

Foi exatamente nessa época, conhecida como a "era de ouro do rádio", que o veículo conheceu seu esplendor. Os atores das radionovelas, os apresentadores dos *shows* de música e de programas de auditório recebiam altos salários. Bastava o anunciante comprar espaço em uma emissora que apresentasse uma radionovela de sucesso para os produtos sumirem das prateleiras.

Além dos atores, vários outros profissionais tinham papel muito importante na montagem de uma radionovela, como os músicos, que tocavam as trilhas sonoras ao vivo. Mas uma figura se destacava: o sonoplasta. Com o uso de materiais como pedaços de madeira, plásticos, chapas de alumínio etc., esse profissional imitava sons de passos, portas abrindo, trovões, tiros, buzinas, animais e muitos outros, dando vida à narrativa.

A ideia de trazer para o Brasil a radionovela foi de uma empresa interessada em anunciar seus produtos para as donas de casa que acompanhariam a trama. O sucesso foi tão grande que as rádios brasileiras começaram a investir nas próprias histórias. Criaram-se revistas com fotos, fofocas e histórias dos intérpretes, que eram tratados como celebridades.

Os assuntos prediletos? Histórias de amor, de luta e de brigas entre famílias. Uma rádio na cidade do Rio de Janeiro chegou a veicular catorze produções simultaneamente, tamanho era o interesse dos ouvintes.

E OS SONS?

O sonoplasta tinha de ser muito criativo para dar aquele toque especial à radionovela. Com um apitinho de madeira, ele fazia o apito alto e sonoro de um trem que partia separando para sempre um casal apaixonado. Os passos duros do fazendeiro que chegava em casa depois do trabalho eram reproduzidos com velhas botinas apoiadas em cima da mesa. E a cavalgada matinal do mocinho da história, você tem ideia de como era feita? Com cascas de coco secas ou mesmo com as mãos batendo ritmadas no peito.

Hoje, o som ainda é essencial para estimular a imaginação dos ouvintes. Em uma partida de futebol, por exemplo, o sonoplasta "solta" alguns sons característicos: a torcida gritando, o hino do time, o apito do juiz etc. A grande diferença é que esses sons não são mais produzidos com instrumentos improvisados como na época das radionovelas. Agora, eles são captados por potentes microfones modernos e gravados no computador. Com um simples comando, o sonoplasta coloca tudo no ar.

COMO É QUE SE BEIJAVA EM UMA RADIONOVELA?

Um grande segredo das radionovelas era o beijo. Casais apaixonados lutavam, capítulo a capítulo, para vencer dificuldades e obstáculos para ficarem juntos. O ponto alto da história era a declaração de amor do galã, seguida do beijo. A música orquestrada e o som de pássaros garantiam o clima de romance. Mas como era feito o beijo se os atores ficavam no estúdio a pelo menos um metro de distância um do outro? Bem, mais uma vez, usava-se um truque para emocionar os ouvintes. Na hora do beijo, o ator da radionovela colava a boca na própria mão em frente ao microfone e produzia o som do beijo, que, na imaginação dos ouvintes, estava sendo dado na bela dama.

SE TOCAR NA RÁDIO...

Um cantor, um compositor, os componentes de uma banda de *rock* ou orquestra, enfim, qualquer artista que esteja ligado à música tem como objetivo ouvir sua composição ou canção tocar nas emissoras de rádio.

Eles sabem que é a partir daí que as pessoas vão ouvir a música, avaliar se gostam ou não dela e comprar seus CDs, DVDs ou, mais recentemente, baixar na internet o arquivo em MP3, desde que com sua autorização ou da gravadora. Em outras palavras, eles se tornam conhecidos.

É claro que uma série de fatores ajuda um artista a ficar famoso. Hoje, com a diversidade de meios de comunicação e a velocidade que eles têm (TV, internet, rádios pela web), verdadeiras equipes de profissionais atuam em diversas áreas: produção musical, divulgação, tratamento da imagem do artista, consultoria de moda etc. Nossa! O fato é que, para que toda essa estratégia seja bem-sucedida, a música tem de tocar nas rádios.

Nas décadas de 1960 e 1970, os cantores e as bandas de *rock* davam atenção especial ao rádio, e vários *shows* eram transmitidos pelas emissoras. O contato era mais "boca a boca": o produtor musical conhecia o *disc jockey* (DJ) e apresentava o *long-play* (LP) para que os profissionais que ele representava tocassem para seus ouvintes. A partir daí, praticamente começava a carreira dos músicos e das bandas. O próximo passo era a turnê pelo país. Isso aconteceu com Elvis Presley, Beatles e muitos outros.

LUCRO *VERSUS* QUALIDADE: QUEM PERDE É O OUVINTE

Estar tocando nas rádios nem sempre significa que uma música é boa, pois, em certos casos, algumas gravadoras pagam às rádios para ter espaço na programação. Assim, as músicas são repetidas por algum período até "virarem" sucesso. Há até um apelido para isso: "jabaculê", ou simplesmente "jabá". Você pode se perguntar: por que esse tal de jabá é tão ruim?

Eu respondo. Porque, com ele, os artistas ficam reféns das grandes gravadoras, a qualidade das músicas decai, as produções ficam todas muito parecidas, sem espaço para novos talentos. Mas, calma, nem tudo está perdido! Existem boas rádios que não aceitam essa prática; basta, então, trocar de estação e se divertir!

QUEM ESCOLHE AS MÚSICAS?

As emissoras de rádio que têm programação de música contam com profissionais mais ligados à área artística. São eles: diretor artístico, produtor executivo, programador musical, locutores e produtor.

O programador musical é o responsável por selecionar o que vamos ouvir. Toda emissora tem uma linha bem definida dos estilos de música que vai colocar no ar. Para isso, esse profissional dispõe do acervo da emissora. As músicas se encontram em discos de vinil, em CDs e em arquivos de áudio salvos no computador, como MP3 e WAVE.

E como ele sabe quais músicas estão em qual formato ou em qual disco? Utilizando um programa de computador, no qual estão armazenadas todas essas informações. O programador musical faz uma busca nos arquivos usando informações-chave, como o nome da música e/ou do grupo musical, o estilo do som (*rock*, clássico, *jazz*, MPB) ou mesmo as canções mais tocadas.

COM QUANTAS MÚSICAS SE FAZ UMA RÁDIO?

Em toda rádio as músicas se repetem durante a programação. Algumas bandas mais conhecidas, músicas famosas ou lançamentos são mais tocados em determinado período de tempo. Os programadores musicais não trabalham com todo o arquivo das emissoras para fazer suas escolhas. Há uma espécie de lista-guia, que sempre é renovada. O que muda é a variedade e quantidade de músicas selecionadas em todo o acervo para formar a lista.

Em uma rádio que preza a diversidade e a qualidade, cerca de 15 mil músicas ficam à disposição da equipe para tocar nos programas. Em emissoras menos qualificadas, esse universo gira em torno de 5 mil canções. Existem, ainda, as que contam com uma lista-guia de apenas 500 músicas. O resultado você já pode imaginar: muita repetição e pouca variedade.

UMA REDE NACIONAL

O acesso à informação é um direito das pessoas para o exercício da cidadania. É muito fácil assistir à TV, ouvir rádio, ler jornais e revistas em grandes centros urbanos. No entanto, em um país gigantesco como o Brasil, há regiões às quais é difícil chegar por causa das grandes distâncias e das dificuldades de acesso. Assim, com esse objetivo, o governo federal mantém empresas de comunicações públicas, como canais de TV, agências de notícias e, é claro, rádios.

A Radiobrás é a estatal responsável por fazer chegar a todos os brasileiros notícias dos três poderes (legislativo, executivo e judiciário) pelas ondas sonoras. Ela veicula o programa mais antigo do país, Voz do Brasil, que foi ao ar pela primeira vez em 22 de julho de 1935. Ainda hoje é transmitido diariamente, exceto nos fins de semana e feriados, das 19 às 20 horas (horário de Brasília), levando notícias e prestação de serviços às mais distantes localidades do país.

Entretanto, é dever de cada um de nós, cidadãos brasileiros, acompanhar sempre esses programas comandados pelos governantes, para verificar se eles estão realmente cumprindo o papel de informar e entreter todos de maneira equilibrada e ética.

DURANTE A GUERRA, AS ONDAS CHEGAM À AMÉRICA

"O Sr. Hitler entrou hoje à noite em Viena." Foi com essas palavras do jornalista Manuel Braune, o Aimberê, que se inauguraram, em 14 de março de 1938, as transmissões da empresa de radiodifusão britânica BBC para o Brasil. Apesar de a guerra ser travada do outro lado do mundo, a América do Sul recebeu informações importantes de seus contingentes enviados para a Europa.

A campanha da Força Expedicionária Brasileira teve atenção especial da rede e contou com o envio do correspondente Francis Hallawell, conhecido como o Chico da BBC, para acompanhar os pracinhas na Itália.

No período pós-guerra, as transmissões em português, espanhol e árabe serviram como modelo para a expansão dos serviços da BBC, oferecidos hoje em 33 línguas.

UMA HISTÓRIA DE ARREPIAR

Um fato famoso ocorrido em 1938 na cadeia de rádios CBS, nos Estados Unidos, desperta a atenção de especialistas mundo afora. Semanalmente ia ao ar o programa *Mercury Theater*, que apresentava textos literários adaptados para a dramatização em rádio usando várias técnicas de sonoplastia, como nas radionovelas brasileiras.

Em 30 de outubro, data em que os americanos comemoram a tradicional festa do Dia das Bruxas, o jovem e talentoso diretor Orson Welles caprichou na narrativa de *A Guerra dos Mundos*, sobre a invasão de alienígenas na Terra.

A qualidade da transmissão e a técnica utilizada por Welles, como se um radialista estivesse narrando o ataque no momento em que ele acontecia, aliadas a uma grande audiência, fizeram com que um em cada cinco ouvintes não notasse que se tratava de uma ficção e acreditasse que o planeta estava sendo invadido por marcianos.

Milhares de pessoas abandonaram a própria casa em uma tentativa desesperada de fuga. Houve pânico, acidentes, grandes prejuízos e até tentativas de suicídio. A história original, *A Guerra dos Mundos*, foi escrita no final do século XIX pelo inglês H. G. Wells e virou até filme de Hollywood estrelado por Tom Cruise.

REDE NACIONAL DE TRANSMISSÃO

Você já aprendeu que as ondas eletromagnéticas, ou seja, os sinais de rádio, podem ser captadas de acordo com a frequência em que são emitidas, mas sempre têm alcance limitado. Mas como se faz para uma emissora sediada em São Paulo, por exemplo, ser ouvida em Belém do Pará e em Salvador ao mesmo tempo? Com uma tecnologia de transmissão via satélite. A rádio geradora emite sinais para um satélite brasileiro que fica em órbita a 35.800 quilômetros do solo. Este, por sua vez, os retransmite para estações espalhadas pelo país, que captam os sinais e os enviam para uma rede terrestre, a qual, através de fios, leva a programação sonora aos recantos do território nacional.

PROPAGANDA E AUDIÊNCIA

Como você sabe, a publicidade tem influência muito importante nas rádios. É a verba dos anúncios que paga as contas de uma emissora e, muitas vezes, determina até qual será o foco da programação em determinado segmento. Mas o que o anunciante procura? Público que ouça as propagandas e a possibilidade de falar diretamente com possíveis compradores.

Não adianta anunciar produtos femininos durante a transmissão de um jogo de futebol, por exemplo. Também não é recomendável anunciar produtos

E NO RÁDIO, COMO É MEDIDA A AUDIÊNCIA?

No caso do rádio, esse tipo de pesquisa é superficial e deficiente, porém constitui o único meio de medir a audiência. Como tecnicamente não é possível instalar um aparelho no rádio que indique qual emissora o ouvinte está escutando, os institutos de pesquisa aplicam questionários a um grupo pré-selecionado de pessoas e tentam descobrir quais são os hábitos delas relacionados às rádios.

Feitas por telefone, ou mesmo pessoalmente, as perguntas são relacionadas às preferências do entrevistado. Por exemplo: "Qual emissora de rádio você costuma ouvir no período da manhã?", "Qual sua emissora predileta?", "Que tipo de programa você gosta de escutar?". Depois se faz a apuração das respostas e assim determinam-se quais rádios são as líderes de audiência e que tipo de público cada uma delas tem.

As equipes de vendas das emissoras vão em busca dos anunciantes com esses números para tentar vender os espaços publicitários da programação.

UM DESAFIO INSTIGANTE

Os responsáveis por criar as propagandas em rádio, ou *spots* radiofônicos, têm um grande desafio pela frente. Imagine que, para apresentar um produto qualquer e instigar o desejo de compra do ouvinte, o publicitário tem como instrumento somente o som. Os redatores precisam utilizar as técnicas das radionovelas para conseguir um bom resultado. Locutores

com belas vozes, textos curtos e simples que aproximem o possível comprador do produto anunciado, efeitos sonoros e pequenas historinhas são os recursos mais usados para alcançar o objetivo. O bom humor e a comédia também se tornam aliados para tentar passar a mensagem em poucos segundos.

Mas, afinal, o que são *spots*? São comerciais com histórias curtas, geralmente de 30 segundos de duração, com personagens caricatos

destinados a um público mais abastado, como carros de luxo e viagens internacionais, em um programa de caráter mais popular, voltado para ouvintes de menor poder aquisitivo.

Além do público certo, os anunciantes querem a garantia de que a rádio que eles escolheram é ouvida por grande número de pessoas. Para isso, eles usam um *ranking* das rádios mais e menos ouvidas.

No caso da televisão, as pesquisas de audiência são feitas em tempo real, com aparelhos instalados em televisores que emitem um sinal acusando qual canal está sendo acompanhado naquele instante. Os institutos de pesquisa escolhem as famílias que vão receber um aparelho desses.

QUER CONFERIR?

Lanço aqui um desafio. A partir de agora, quando você estiver ouvindo rádio, preste atenção também ao intervalo. Você vai perceber que muitas vezes você consegue visualizar o produto e quase sentir o aroma de um perfume ou o gosto de uma comida apenas com a interpretação do locutor, o uso dos efeitos sonoros e de um texto bem escrito. Muitas vezes ouvimos as vozes de atores famosos da TV e os identificamos na hora, mesmo sem que falem o nome deles. Está valendo; confira!

TAP, SSSSS
GLA, GLA, GLA, GLA
GLUB, GLUB, GLUB
AHHHHH!

(curiosos ou engraçados) e muitos efeitos sonoros para seduzir o ouvinte e fazê-lo lembrar-se do produto anunciado na hora das compras. Quando o comercial é cantado, ele é chamado de *jingle*.

UMA CAIXINHA
CARREGADA DE EMOÇÕES

O rádio é considerado por especialistas e profissionais da área o meio de comunicação da emoção. A relação que o ouvinte estabelece com ele é única. Uma pessoa é capaz de ouvir um programa anos a fio e interagir com o apresentador sem sequer saber como ele é. Pela voz e pelas palavras, podemos ficar íntimos de um apresentador.

Isso já aconteceu comigo... Uma ouvinte assídua resolveu conhecer a emissora em que trabalho e foi extremamente bem tratada por todos. Dona Ofélia era conhecida da redação. Ligava para fazer perguntas nos programas de entrevistas e participava de todas as promoções. No Natal e no ano-novo, telefonava para desejar boas-festas aos profissionais que estavam de plantão.

Ela chegou até a descobrir o dia de meu aniversário e me mandou um presente: uma linda camiseta de meu time de futebol. Ela sabia de tudo isso porque sempre acompanhava o programa que eu apresento e, dia após dia, foi guardando essas informações e tornando-se mais íntima. Agora imagine quantas pessoas de diferentes idades e com características únicas acompanham o programa e também se sentem assim.

Dona Ofélia, de tão paparicada, se sentiu em casa na rádio. E então chegou a vez de me conhecer. Assim que saí do estúdio, percebi uma inquietação e perguntei em voz alta o que estava acontecendo. Nessa hora, Dona Ofélia se virou, emocionada, pois finalmente ia saber quem era o dono daquela voz.

Quando me viu, passou as mãos nos olhos como se não quisesse acreditar. Sem pestanejar, ela disse alto e bom som: "Nossa! Achei que você fosse mais velho, mais magro e também um pouco mais alto". Foi uma gargalhada só.

O OUVINTE FAZ O *SHOW*

Cada vez mais o ouvinte participa da programação das emissoras. Antigamente, as formas de entrar em contato com as redações e os estúdios de rádio eram lentas. Para tentar falar com um locutor, as pessoas mandavam cartas e telegramas e ficavam esperando uma resposta ansiosamente. Hoje, basta enviar um *e-mail* ou telefonar para conseguir contato. As rádios de jornalismo estimulam a participação dos ouvintes. Há casos em que eles fazem parte efetivamente da programação. São chamados de ouvintes-repórteres. Com um telefone celular no trânsito ou em qualquer lugar da cidade, os interessados ligam para a redação e passam informações ao vivo, como repórteres mesmo. Em rádios com programação musical, os ouvintes escolhem a sequência de canções pela internet, batem papo ao vivo com o locutor e participam de jogos interativos de perguntas e respostas.

Aliás, os *sites* das rádios se tornaram um meio de troca de informações entre os radialistas e os ouvintes, que deixaram de ser passivos. Sugestões e comentários são enviados a todo momento diretamente para as produções dos programas ou para os apresentadores, que chegam a pedir para os ouvintes participarem de uma entrevista ao vivo, por exemplo, mandando questões para as personalidades e convidados.

CADA VEZ MAIS PERTO

No início da vida do rádio, os locutores com lindas vozes reuniam muitas fãs na porta das rádios. Existe uma história interessante de uma ouvinte que se apaixonou por um apresentador. O assédio era tão grande que os mais famosos mandavam outras pessoas saírem em seu lugar para não ter de enfrentar a legião de admiradoras. De fato, era uma situação engraçada. Bastava o substituto não abrir a boca para que as ouvintes acreditassem que estavam na frente do grande ídolo. Hoje em dia isso é impensável. O ouvinte pode, por exemplo, acessar a página da internet de diversas rádios e ver a foto do jornalista, apresentador ou locutor.

RÁDIO *VERSUS* TELEVISÃO

Com o acesso do grande público à televisão na década de 1950, os ídolos das radionovelas e programas de auditório foram levados para o novo e poderoso veículo que nascia.

Mesmo passando por uma espécie de crise, e até para tentar sobreviver, o rádio teve de mudar. Não pense que o meio de comunicação mais popular da história ficou estagnado; ele evoluiu, e muito. Os aparelhos, antes caros, grandes e pesados, foram barateando e tiveram importante evolução tecnológica. Cientistas americanos criaram e começaram a produzir o transistor. Essa peça veio substituir as válvulas usadas na produção dos aparelhos de rádio. As válvulas eram grandes, pesadas e, para funcionar, necessitavam de uma voltagem elevada, ou seja, de eletricidade. Já o transistor pesava apenas 375 gramas e funcionava com pilhas. O rádio passou a ser portátil. Foi assim que o rádio conseguiu respirar um pouco mais na briga pelos anunciantes e pela verba de publicidade das grandes empresas.

O RÁDIO VAI ACABAR?

Essa eu respondo: não; não acabou quando nasceu a televisão, não acabou com a chegada da internet e muito provavelmente nunca acabará. O rádio passou, e ainda passa, por modificações tecnológicas e nas próprias programações.

Houve uma mudança importante quando a televisão se estabeleceu: o rádio deixou de ser um meio de comunicação coletivo para ser escutado individualmente e em qualquer lugar. O local onde o rádio, grande e desajeitado, ficava no centro da sala e reunia a família toda foi tomado pelo aparelho de televisão.

Podemos comparar o rádio, agora móvel e portátil, com o telefone, por exemplo. Há muito pouco tempo, para ligarmos para alguém, tínhamos de estar em casa ou no trabalho ou usar um telefone público. Hoje, com o telefone celular, fica fácil. Basta parar um pouco e conversar a qualquer hora e em qualquer lugar. Com o radinho de pilhas e o *walkman* não é diferente, concorda?

1930

1940

1950

1960

A COPA PELO RÁDIO

Apesar de a TV já existir na Copa do Mundo de 1962, o rádio foi o grande destaque da equipe do Brasil liderada pelo craque Garrincha. Naquela época, ainda poucas pessoas tinham acesso à televisão, e a possibilidade de ir ao estádio levando um rádio de pilhas, recém-criado, se espalhou rapidamente pela América Latina. Aqui no Brasil, a algumas centenas de quilômetros de distância, todos acompanhavam os jogos lá no Chile. O bicampeonato conquistado pela seleção canarinho foi comemorado por todo o país, com as pessoas sempre com a orelha coladinha no rádio.

A PROPAGANDA NO RÁDIO

Você já sabe que quem "paga" os gastos de uma emissora de rádio são os anunciantes, os empresários que querem fazer seus produtos serem conhecidos pelo público. O mesmo acontece com a televisão.

Antes de a TV chegar ao Brasil, em 1950, o rádio era o meio de comunicação mais eficiente para fazer um produto ser muito conhecido. A partir dos anos 1960, a TV ganhou força, com programas variados e uma linguagem publicitária diferente. Os telespectadores podiam agora ver os produtos. Para os anunciantes, um sonho; para os donos de rádio, um pesadelo. Pouco a pouco as rádios foram perdendo dinheiro, *status* e poder financeiro. Nessa época, o veículo passou por uma verdadeira revolução. Os empresários do rádio começaram a procurar alternativas e, assim, criou-se uma nova linguagem dentro do próprio rádio para atrair os anunciantes.

Os apresentadores dos programas, que têm grande credibilidade e carinho dos ouvintes, começaram a "recomendar" certos produtos. Isso se chama *merchandising*. Um locutor famoso fala no programa dele que usa o creme de barbear "Babosa" (esse creme não existe, eu que inventei); aí, o ouvinte acaba optando por levar o creme de barbear "Babosa" quando vai fazer compras. Anos mais tarde, o *merchandising* também invadiu a TV, e hoje podemos ver vários produtos sendo anunciados por apresentadores no meio de seus programas. Mais uma vez o rádio inventou uma forma de comunicar.

1970

1980

1990

2000

UMA NOVA FRONTEIRA

Com a criação da internet, o rádio passou por uma nova revolução: as emissoras começaram a transmitir sua programação também pelo computador. Com isso, o limite territorial que uma rádio tinha acabou. Uma emissora FM possui um raio de ação de no máximo 150 quilômetros. Isso significa que, se eu sintonizo minha emissora predileta e pego uma rodovia para ir a outra cidade, passados 150 quilômetros, não consigo mais ouvir o programa que eu queria.

A internet põe um ponto final nesse limite. Por exemplo, se um chileno vive no Japão, basta que ele esteja plugado na internet para acessar o *site* de uma rádio de Santiago e ouvir o programa ou o radiojornal de sua cidade natal.

O fato é que, com a convergência das tecnologias, ou seja, com o fenômeno recente que acompanhamos em que, por exemplo, o aparelho celular se transforma em vários equipamentos – agenda, câmera fotográfica, filmadora etc. –, tornou-se possível ouvir rádio em qualquer lugar, a qualquer hora, e ainda qualquer rádio do mundo que esteja transmitindo pela rede mundial de computadores.

¡Buenas noches, oyentes de la Radio Chile!

NOVAS MANEIRAS DE OUVIR RÁDIO

Você já se imaginou coordenando uma rádio? Isso é possível e, de certa maneira, bastante comum. Eu estou falando de uma rádio na internet, a web rádio. Milhares de rádios são feitas apenas para a internet. Se o ouvinte estiver com o aparelho receptor convencional na cidade-sede de uma dessas emissoras, de nada adianta. Ela não tem antena nem transmissor e, portanto, não emite ondas eletromagnéticas. Nas web rádios, os ouvintes internautas muitas vezes são os responsáveis pela programação e podem até "montar" uma rádio própria. Os provedores de internet, que possibilitam que as pessoas naveguem na rede, geralmente oferecem esse serviço para os assinantes.

O resultado de tal fenômeno é um grande desafio para os programadores e diretores de rádios que transmitem a mesma programação pelas antenas, do modo tradicional, e pela web. Na hora de ler uma notícia ou mesmo escolher uma música para tocar, cada vez mais os profissionais do rádio devem pensar nesse "novo" público, que aumenta todo dia.

RÁDIO DIGITAL: OUVINDO MUITO MELHOR

Já está em fase de experimentação no Brasil e em outros países da América Latina a transmissão digital em rádio. Isso não é a mesma coisa que transmitir pela internet?
Não. Na transmissão pela rede mundial de computadores, todos os sons produzidos pela rádio são transformados em arquivos de áudio, que são repassados para um provedor, que então disponibiliza na rede os sons da emissora.

A transmissão digital, ou digitalização do rádio, é um processo muito mais complicado tecnologicamente. Nesse caso, as antenas transmissoras emitem, além das ondas sonoras, os sinais digitalizados. Mas não se preocupe, pois você vai continuar ouvindo rádio normalmente no aparelho que já tem. No entanto, quem adquirir o receptor com capacidade de receber os sinais digitais das rádios vai ter muitas vantagens. A qualidade do som, por exemplo, é incomparável. As rádios AM, que sofrem interferência de outros sinais, terão o som limpo e claro como os de uma rádio FM de hoje, e as emissoras que operam em FM terão som com qualidade de CD.

UM LEQUE DE OPÇÕES

Imagine a rádio que você está acostumado a ouvir se transformar em três. Não é magia nem milagre; é a tecnologia de transmissão digital. Uma novidade do sistema digital que ainda é um mistério para as próprias rádios será a possibilidade de, ao sintonizar uma mesma frequência,

por exemplo, 92,5 MHz, o ouvinte poderá escolher até três programações simultaneamente. Pequenas mensagens de texto e imagem também poderão ser transmitidas para o *display* do aparelho de rádio e será possível participar de enquetes e promoções apertando os botões do aparelho. Isso trará a oportunidade de uma interação entre o ouvinte e o locutor diferente, rápida e funcional. Incrível, não é mesmo?

GLOSSÁRIO

Amplificador – Um dos aparelhos necessários para o funcionamento de uma rádio. É responsável por aumentar a capacidade dos sinais emitidos pelas emissoras.

Aparelho receptor – É o rádio, o aparelho que você usa para ouvir um programa, seja ele qual for. Existe em diversos tamanhos, modelos e marcas.

BG – Abreviatura do termo em inglês *background*. É uma informação técnica referente à trilha sonora que se escuta quando o apresentador ou locutor está falando (por exemplo, lendo uma notícia ou informando o nome da música que será tocada).

Decodificador – Aparelho usado para recompor os elementos de uma transmissão.

Editor de som – As entrevistas, as músicas, todos os elementos sonoros de uma rádio passam pelas mãos do editor de som. Esse profissional regula o áudio, corta os trechos de uma entrevista que não interessam, diminui o tempo de uma reportagem, enfim, corta, modifica e edita os sons de uma emissora.

Falar "em off" – Expressão usada quando alguém dá uma informação fora do microfone ou com ele desligado. Geralmente, é uma informação passada para o jornalista por uma fonte (quem deu a informação) que não quer ser identificada.

Ondas eletromagnéticas – Ondas que apresentam variação nos campos elétrico e magnético. São conhecidas como ondas de rádio, ondas de luz etc., dependendo da frequência de emissão.

Operador de áudio – Também conhecido como *sonoplasta*. É o profissional responsável pela qualidade do som, edição e gravação em emissoras. É ele que opera a mesa de som.

Produtor – Profissional responsável por cumprir as determinações que foram planejadas pelo produtor executivo. Assim, ele deve conseguir agendar as entrevistas, apresentar temas para reportagens etc.

Produtor executivo – Profissional encarregado de criar, modificar e alterar programas em uma emissora. É dele a responsabilidade de produzir quadros, pensar vinhetas e direcionar o programa para o público que a emissora atende.

Programação radiofônica – Sequência de programas apresentados e veiculados por uma emissora de rádio.

Radiocomunicação – A radiocomunicação é um meio de comunicação por transcepção de informação, podendo ser transmitida por radiação eletromagnética, que se propaga através do espaço. Uma estação de radiocomunicação é o sistema utilizado para executar contatos a distância entre duas estações. É composta basicamente de um transceptor (transmissor-receptor) de radiocomunicação, de uma linha de transmissão, e da antena propriamente dita. A esse sistema se dá o nome de sistema irradiante. No caso da emissão comercial, sem transcepção de sinais, somente transmissão, esta modalidade é definida como radiodifusão.

Redator de textos – Profissional responsável por escrever as notícias e informações que serão lidas pelos apresentadores. Esses textos devem seguir os parâmetros editoriais da emissora, ou seja, as regras estipuladas por ela.

Transistor – Dispositivo inventado nos Laboratórios Bell (Bell Labs) em 16 de dezembro de 1947 pelos engenheiros William Shockley, John Bardeen e Walter Brattain. Considerado um dos inventos mais importantes do século XX, é encontrado em muitos aparelhos eletrônicos, como o rádio, e é o componente fundamental para o desenvolvimento de *chips*, ou seja, do cérebro dos computadores.

Transmissor – Equipamento composto por um circuito amplificador e um circuito de saída. Com ele, é possível se comunicar com outra pessoa que tenha um receptor de rádio sintonizado na mesma frequência de transmissão. Permite transmitir voz, imagem e dados.

Tripa comercial – Relação de comerciais que devem ser veiculados nos intervalos de um programa.

Web rádio – Emissora exclusiva da internet, não havendo retransmissão por ondas hertzianas (FM ou AM). É hospedada em um endereço na web (www) e o acesso a seus programas é feito em *streaming* (fluxo contínuo) na página da internet por meio de *softwares* instalados no servidor de hospedagem do *site*. O ouvinte acessa a página e acompanha a rádio clicando em um botão "Ouça aqui", "Clique para ouvir" etc.